LE SECRETAIRE DU PARNASSE,

AU SUJET DE LA TRAGEDIE D'INÉS DE CASTRO.

Et Souſcriptions déſintereſſées.

Par le P. S. F. Gacon

Brochure in-octavo, vingt-trois ſols.

A PARIS,
Chez FRANÇOIS FOURNIER, ruë Saint Jacques, aux Armes de la Ville.

M. D. CC. XXIII.
Avec Approbation & Privilege du Roi.

APPROBATION

De Monsieur l'Abbé Richard, Doyen des Chanoines de Sainte Opportune à Paris, Prieur Seigneur de l'Hôpital, &c. Censeur Royal.

J'AY lû par ordre de Monseigneur le Garde des Sceaux, un manuscrit qui a pour titre, *Le Secretaire du Parnasse, & Souscriptions désinteressées*, par le P. S. F.

Je ne trouve pas moins de vivacité dans ce premier essai du Secretaire du Parnasse sur la Tragedie *d'Inés de Castro*, que dans les autres Critiques ; cependant l'Auteur y paroît toûjours plein d'estime & de vénération pour M. de la Motte ; il n'attaque que ses Vers, mais encore avec beaucoup de délicatesse & sans aigreur. S'il y avoit moins de feu, la lecture en seroit insipide : On peut donc en permettre l'impression ; si notre Auteur, connu par tant d'Ouvrages, quelquefois à la verité un peu trop caustiques, continuë de nous apprendre en Vers & en Prose les nouvelles du Parnasse, les Sçavans qui ne travaillent que pour l'immortalité, se tiendront sur leur garde pour ne pas donner prise aux traits trop piquans qui pourroient peut-être échaper à sa plume contre les productions de leur esprit. Il est vrai que le P. S. F. se livre aussi à la représaille, en donnant sa traduction de l'Art Poétique d'Horace & de Boileau en Vers latins & françois qu'il propose par Souscriptions. J'avoue qu'elles sont d'un grand secours, quand les Auteurs & les Libraires ont moins en vûë un interêt sordide, que le desir de plaire & d'être utiles au Public. Il veut corriger cet abus par un grand désinteressement. Il en donnne le plan & l'exemple en même tems dans un systême qui n'est encore en usage qu'en Angleterre. On seroit bien redevable à son zele, si cette noble tentative pouvoit être suivie d'un heureux succès. Il y a lieu de l'esperer. Il lui sera toûjours glorieux d'avoir hazardé un expedient contre un mal capable de troubler la douceur du commerce des illustres Citoyens de la Republique des Lettres. A Paris ce 19 Septembre 1723.

L'Abbé RICHARD,
Censeur Royal.

LE

LE SECRETAIRE DU PARNASSE.

QUOYQUE les changemens qui arrivent dans le monde ne doivent pas nous surprendre, puisque nous devons être persuadé qu'il n'y a rien de stable; cependant la maniere dont les choses varient, peut & doit nous causer de l'étonnement; la revolution arrivée sur le Parnasse François, a quelque chose de si extraordinaire, que les plus indifferens sur cette matiere, me sçauront peut-être quelque gré des reflections que j'ai faites sur ce sujet, & que je donnerai de tems en tems au Public, si j'apprends qu'elles lui sont agréables.

Le commencement & le milieu du Regne de Louis XIV. fertile en grands hommes dans tous les genres, sembloit avoir donné au Parnasse François des Ecrivains capables de fixer le goût, tant par des préceptes que par d'excellens Ouvrages; cependant, Corneille, Racine, Moliere, Voiture, Sarrazin, Lafontaine, Deshoulieres & Boileau, seroient bien surpris de voir que leur reputation ne tient plus qu'à un filet, & que tout est tellement changé dans l'Art Poëtique, qu'à peine y reste-t-il quelque vestige de leur tems.

M. de la Motte, l'unique & le premier Auteur de cette révolution, est sans doute un très-grand génie, puisqu'il ressemble en cela aux Héros fondateurs ou destructeurs des Empires & des Religions : ses Eloges, ses Odes, son Poëme, ses Fables, & particulierement ses Tragedies ont donné une nouvelle face à la Republique des Lettres, dans laquelle il exerce une dictature pareille à celle de ces fameux Romains qui proscrivoient tous ceux qu'ils croyoient capables de s'opposer à leur puissance.

L'Ignés de Castro de ce grand Auteur qui enleve l'admiration de tout Paris, qui cause tant de pleurs dans ses représentations, & qui attire tant d'argent au Poéte & aux Comediens, est une preuve bien éclatante de cette haute domination de M. de la M. puisque la Nitetis de M. Danchet, & les Macabées de M. Nadal ont cedé & ont fui devant cette Héroïne Portugaise, à peu près comme les Etoiles fuyent & s'éclipsent à l'aspect des rayons du Soleil.

Au reste, la maniere dont M. de la M. avoit annoncé cette piece, devoit nous préparer à quelque chose de sublime, & je conviens que le prodigieux succès qu'elle a eû le justifie pleinement de la fanfaronade ou vanité mal fondée, dont on l'avoit taxé, eû égard à sa réponse au Seigneur qui lui donna ce sujet pour en enrichir la Scene Françoise.

Un grand Seigneur de Portugal,
Pressant la Motte Houdart, Ecrivain sans égal,
De mettre Ignés en Tragedie :
Je le veux, dit l'Auteur, & même je parie,
Que mon Ouvrage aura des endroits aussi beaux,
Que ceux qu'on voit au Cid sans avoir ses défauts :

Et moi reprit Damon en ſécoüant l'oreille,
Je gagerois, Monſieur, que trop vous prometrés ?
Donnés-nous ſeulement les défauts de Corneille,
Nous vous quittons de ſes beautés.

Si c'eſt un trait d'habile homme de ſe faire goûter en s'élevant au-deſſus des regles ? Quelle habileté ne faut-il point pour ſe faire admirer en les violant ; une des plus eſſentielles regarde la conduite de la Fable, & une égalité de mœurs dans celles que l'on attribuë aux differens Perſonnages que l'on met ſur le Théatre ; cependant jamais Piece n'a paru moins aſſujettie à ces deux principales regles, ou pour mieux dire ne les a plus ouvertement violées, c'eſt ce qui a fait dire à un de ces eſprits modernes que M. de la Motte a ſi bien frondés en parlant de la fatuité & de l'inutilité des Epigrames dans la réponſe à Madame Dacier.

L'Ignés du ſieur Houdart ſans mœurs & ſans conduite,
Traine tout Paris à ſa ſuite,
Et fait une fortune au delà de ſes vœux :
Mais cela ne m'étonne guere,
On ne voit aujourd'hui de riches & d'heureux,
Que les gens d'un tel caractere.

En effet toute maligne que ſoit cette Epigrame, elle ne prouve point que M. de la M. n'aquiere une véritable gloire en s'accommodant au goût de ſon ſiecle. On étoit rebattu de ces pudeurs ſi ſcrupuleuſes, dont Corneille & Racine avoient orné leurs Héroïnes ; il ne falloit pas moins qu'un auſſi ſage Ecrivain pour nous repréſenter une Princeſſe, qui ſur la foi d'un mariage clandeſtin ou en *détrempe*, comme diſent les plaiſans, ſe livre aux ardeurs de ſon Amant.

D'où vient que la Piece d'Houdart,
Plait tant aux belles de notre âge;
C'est qu'Ignés y voile avec art,
Un long & doux concubinage,
Et que Dom Pedre même après
Une joüissance feconde,
Ne troqueroit pas son Ignés
Pour tous les Empires du monde.

C'est par cette constance à toute épreuve de Dom Pedre, que M. de la M. s'est tellement concilié l'amour, & attiré l'admiration du beau sexe, que la plûpart des Dames de mérite & de distinction ont fait serment de ne plus voir d'autres Pieces que les siennes; elles ont même avoüé qu'il avoit bien reparé l'affront dont il les avoit chargées, lorsqu'en parlant d'un époux dégoûté dès la premiere nuit de ses noces, il avoit dit dans ses Fables dediées au Roi:

Pauvre homme! autant l'avoient travaillé ses transports,
Autant son dégoût le travaille;
Le desirant ne vit que la tête & le corps,
Le joüissant ne vit que la queuë & l'écaille.

» Quel honnête homme, disent les Dames, que » ce Dom Pedre qui aime mieux s'exposer à une mort » cruelle que d'abandonner sa chere Ignés, même » après quatre ou cinq années de joüissance; à peine » un simple particulier seroit il capable d'un si par- » fait amour. Que ne devons-nous point à M. de la » Motte qui nous la dépeint si parfaitement dans un » Prince; nous le lui revaudrons bien; car en re- » vanche nous n'écouterons plus que lui sur le Théa- » tre, nous y ferons foule & nous n'aurons plus d'empire sur les hommes, ou nous les obligerons d'estimer « cet Auteur autant qu'il le mérite. » Ces promesses ont été déja accomplies au pied de la lettre, car les plus obstinés à n'estimer sur la Scene que ce qui est dans la nature, & selon les regles de l'Art, ont pleuré & ont applaudi à une Piece qui n'a ni sentiment ni conduite; c'est ce que cette impertinente Epigrame nous dépeint assés bien.

Ignés de Castro sans pudeur,
A Dom Pedre livre son cœur,
Et son corps de telle maniere,
Qu'elle devient deux fois sa Jument Pouliniere:
Cette Scene peu chaste & contraire à nos mœurs,
D'evoit choquer les Spectateurs:
D'où vient donc que Paris en a fait sa marotte?
C'est que Paris aime la Motte.

« Oüi nous l'aimons, c'est un galant Ecrivain, « qui compatit à notre foiblesse, & qui nous conduit « à la vertu par un chemin gracieux, tout au con- « traire de ces Directeurs misantropes qui nous y veu- « lent trainer par des sentiers pleins de ronces les plus « épineuses. Une simple promesse d'épouser, une pa- « role donnée, un mariage secret, suffit auprès de « lui pour rassurer la pudeur la plus timide: au lieu « que Corneille & Racine veulent une publication de « bancs par un Prêtre, & un Contrat en parchemin « pardevant Notaire. D'ailleurs puisque le proverbe « dit, qu'il faut faire de necessité vertu; Ignés peut- « elle être blâmée avec justice, lorsqu'elle aime mieux « condescendre à la passion d'un Prince qu'elle aime, « que de le voir mourir à ses pieds comme il l'en me- « nace, si elle persiste dans ses rigueurs. C'est ce qu'elle «

» exprime si bien en s'excusant envers le Roi qui la » veut punir d'avoir forfait à son honneur. »

J'ai crû, Seigneur, plûtôt que de le voir mourir,
Que le don de ma main devoit le secourir.

Aussi le Roi convaincu de la solidité d'un pareil raisonnement, lui pardonne & la traite comme sa bru, & fait grace à son fils en sa faveur ; voilà le discours qu'ont tenu les Dames spectatrices de la Piece d'Ignés.

Je crois même qu'elles ont eu raison de parler ainsi ; car si, selon les Casuistes les plus rigides, une Dame n'est pas obligée de se tuer pour éviter la brutalité d'un Amant furieux, ne pourra t'elle pas empêcher un homicide aux dépens de sa virginité si elle est fille, ou aux dépens de sa foi si elle est mariée : Monsieur de Fontenelle ne raconte-t-il pas dans ses Lettres du Chevalier d'Her...qu'une Dame très-honnête, après trois jours de résistance se rendit aux instances d'un homme qui s'étoit glissé dans sa Chambre, & qui avoit résolu de se laisser mourir de faim si elle ne condescendoit à ses desirs.

Il est vrai que le Galant avoit eu soin de se pourvoir d'une grosse bouteille de Schubac, & de plusieurs petits pains & confitures séches, dont il rompoit son jeune en cachette ; mais comme la Dame n'en sçavoit rien, elle le reçût dans son lit croyant que la faute secrete qu'elle commetroit seroit beaucoup moindre que le scandale qu'auroit causé un homme mort dans sa Chambre. M. de la M. sçait d'ailleurs combien s'étend la maxime, *metus cadens in constantem viram*, & encore plus *in debilem fœminam*.

Sur Ignés de Castro prenés beautés de Cour,
Votre modele en fait d'amour :
Bien loin de faire les cruelles ,
Lorsque pour vos beaux yeux un Amant veut mourir :
Par des faveurs essentielles,
Hâtez-vous de le secourir.

Je ne sçai pourtant si les peres & meres, les Juges & les Rois seront satisfaits de ces raisons, & si dans la pratique la belle retorique d'Ignés seroit une bonne sauve-garde contre leur indignation envers des filles qui l'imiteroient ; je connois des peres assés brutaux pour les faire mettre aux Madelonnettes, bien loin de leur pardonner : à moins qu'on ne veüille dire que pourvû qu'une fille s'attache à un galant d'une plus haute naissance qu'elle , les Peres ne seront pas assés sots pour les désavoüer ; mais d'un autre côté c'est un à sçavoir si les Peres des Amans voudront favoriser les débauches de leur fils.

En voilà assez & même trop sur le caractere d'Ignés : disons quelque chose des autres personnages , & pour commencer par Dom Alphonse il faut convenir à la loüange de M. de la M. que s'il en a fait un Pere dur & même cruel, il nous le represente d'ailleurs comme le meilleur de tous les Rois ; vous diriez que ce Prince a étudié la morale dans le Telemaque de M. de Cambray. Ce n'est pas un Monarque & un Pere qui explique ses sentimens & ses volontez à un fils, c'est un Professeur qui instruit un Ecolier. Les peuples, lui dit-il, ne sont pas faits pour les Rois, au lieu que les Rois sont faits pour les peuples.

On ne comprend pas cependant comment ce Roi qui a condamné son fils unique à la mort, pour n'être pas de ſon avis, & pour ne vouloir pas entrer dans une alliance qui doit cimenter le bonheur de ſes ſujets, lui pardonne dès qu'Ignés lui préſente les fruits de ſon crime, à peu près comme le Juge des plaideurs fait grace à *Citron* en faveur de la famille deſolée.

La Princeſſe ou l'Infante qui étoit venuë en Portugal pour épouſer Dom Pedre, eſt trop tranquile pour être ſi amoureuſe, ou trop amoureuſe pour être ſi tranquile; elle eſt même ſi bonne qu'elle en eſt ſotte. Si du moins ſa mere en eſt crüe. Cette Reine veritablement Héroïne, voyant que ſa fille reſſent ſi peu l'affront qu'on lui fait, qu'elle ne veut entrer dans aucun complot pour s'en venger, lui dit fierement, hé bien Madame:

Chargés vous des vertus, je me charge des crimes.

Ce vers qui fait l'admiration de tout Paris, paroît plus digne d'une Medée ou d'une furie que d'une Reine chrétienne; mais M. de la M. comme je l'ai déja dit pluſieurs fois, a un art de dire & de faire les choſes les plus contraire au bon ſens, ſans s'attirer aucun blâme, pendant que d'autres ne peuvent s'attirer des loüanges en diſant ou en faiſant des choſes les plus ſenſées. A l'égard de Dom Pedre on peut dire que le Poëte a fort bien réuſſi en lui donnant le caractere de petit Maître. La maniere dont il force la Garde du Roi ſon Pere en eſt une belle preuve.

Etant entré dans le Palais à main armée, il propoſe à ſon Ignés qu'on y retenoit priſonniere, de ſe ſauver avec lui pour éviter le ſupplice qu'on leur prépare; mais elle répond qu'elle ne donnera jamais les mains à un crime ſi énorme & qu'elle aime mieux,

Le Perdre innocent, que le ſauver coupable.

On a prétendu que ce vers auroit été mieux placé dans la bouche d'Ignés, lorsque Dom Pedre la menaçoit de mourir, si elle ne lui octroyoit le don d'amoureuse merci, comme disoient nos anciens Romans.

Mais cette Héroïne est de l'humeur des Pharisiens qui avaloient le Chameau & rejettoient le Moucheron ; elle aime mieux exposer son Amant à une mort certaine, en l'empêchant de fuir ce qui n'est point un crime, elle qui en avoit commis un très-grand pour l'empêcher de mourir d'amour. L'Auteur de l'Epigramme suivante semble avoir eû tous ces caracteres en vûë lorsqu'il a dit :

> Une Héroine sans honneur,
> Un Roi qui fait le raisonneur,
> Une Reine horrible maratre ;
> Un Prince qui fait le mutin
> Pour épouser une Catin :
> Des Vers indignes du Théatre !
> Voilà ce que Paris court & met au-dessus
> De Phædre & de Britannicus.

Je ne sçai si Paris a raison ou non, il y a pourtant plus d'apparence pour l'un que pour l'autre ; car il n'est pas concevable qu'une Ville aussi polie, & qui est le centre des beaux esprits, ait tant couru une piece de Théatre, si elle n'avoit un mérite *transcandataire*, comme le dit agréablement M. de Fontenelle. Il est vrai que quelques Auteurs turlupins & qui ne valent pas mieux que les faiseurs d'Epigrammes ont tâché de deshonnorer cette belle Piece en la parodiant sur le Théatre de la Foire ; mais s'ils ont réussi à faire rire tout Paris, ils n'ont en rien diminué de la gloire de

M. de la M. & de même que Momus fabuliste n'a fait qu'illustrer ses excellentes Fables ; ainsi l'Ignés de Chaillot n'a fait que relever le mérite de son Agnés de Castro. C'est donc sur un mauvais fondement que l'Epigramme suivante est appuyée.

Si c'est avec raison que l'Agnés de la Foire,
Fronde l'Ignés d'Houdart & lui ravit sa gloire:
Il faudra convenir que Gonesse & Chaillot,
Font voir à tout Paris que Paris est un sot.

En voici une seconde sur le même sujet, & qui n'est pas mieux raisonnée, quoiqu'elle soit tirée du Democrite heraclitisant, & de l'Heraclite democritisant de Rabelais.

Dans Ignés de Castro tout Paris pleure en sot,
Ainsi qu'il rit en fou dans Ignés de Chaillot,
Que notre siecle est fat ! & digne de satire !
Qu'il se laisse aisément leurrer :
Democrite rieur pleureroit d'y voir rire,
Heraclite pleureur riroit d'y voir pleurer.

» M. l'Abbé de P* * homme d'un grand genie & » qui passe pour la Cheville ouvriere du systême des » modernes ; ce grand admirateur de M. de la M. » s'étant trouvé dans une assemblée où l'on recitoit » cette Epigramme, la refuta très-agreablement en » soutenant que l'Agnés de la Foire pouvoit faire rire » tout Paris sans interesser le mérite de l'Ignés de » Castro. »

» N'a-t-on pas vû, dit-il, Arlequin se mocquer » autrefois de Titus en demandant à Scaramouche. »

Où est la Reine Berenice,
Elle est la haut qui pisse.

« Repond le confident ; cependant Messieurs les « anciens ont ri les premiers de cette polissonnerie sans « rien diminuer de l'estime qu'ils ont pour cette Piece de Racine. De plus, ajoûte-t-il, ne peut-il pas ar- « river que l'on fasse une excellente critique, d'une « excellente Piece, témoin celle du Cid : c'est même « une nouvelle marque du beau genie de M. de la « M. de donner occasion à ses Censeurs, de mon- « trer leur esprit malin à ses dépens. „

« Et sur ce que quelqu'un lui dit qu'il ne compre- « noit pas comment les Tragedies de M. de la M. « pouvoient plaire avec de si grands défauts ; il répon- « dit, qu'il en étoit de ses Pieces comme de ces fem- « mes, qui bien que laides inspirent des passions plus « fortes que les belles mêmes ; & cela, parce qu'elles « plaisent par un je ne sçai quoi de plus estimable que « la beauté ; c'est un sublime, une élevation d'ame qui « lui fait négliger des défauts pour s'attacher unique- « ment à ces traits qui enlevent, qui ravissent, & qui « entraînent le suffrage des Spectateurs malgré qu'ils « en ont. »

« S'il avoit vêcu du tems de Longin, ce Rhe- « teur auroit trouvé dans ses Tragedies ce vrai subli- « me qu'il cherchoit vainement dans Euripide & dans « Sophocle ; *& comme on lui demanda pourquoi les Tragedies de Corneille & de Racine plaisoient tant à la lecture, pendant que celles de M. de la Motte pouvoient à peine être souffertes, jusques-là que les nouveaux Memoires critiques d'Hollande ont osé publier qu'elles étoient indignes d'un Accademicien, & qu'ils s'étonnoient comment leur Auteur se faisoit fort dans sa Dedicace des suffrages d'un Prince reconnu dans toute l'Europe pour un des grands genies de son siecle.*

« C'est, continua-t-il, parce que ces Messieurs » étant Hollandois, ou habitans depuis long-tems la » Hollande, ne peuvent pas être des Juges compe- » tans de notre versification : de plus, c'est qu'ils ne » connoissent pas en quoi consiste la perfection du » Poëme Tragique, & qu'ils ne distinguent pas les » beautés *saillantes*, *frappantes* & *saisissantes* du dra- » matique ; d'avec les beautés *réflechies*, *pensées*, & » *meditées*, qui conviennent aux Ouvrages qu'on » donne au Public par le moyen de l'écriture ou de » l'impression. »

« Il est même aussi ridicule de demander à un » Auteur qu'il nous plaise à la lecture de ses Pieces, » après nous avoir charmé sur le Théatre ; que si » l'on exigeoit d'un Decorateur que ses decorations, » après nous avoir agréablement surpris & trompé de » loin, fussent aussi finies de près que des Tableaux » de chevalet. »

« De plus, comme le genie de M. de la M. est » grand & sublime, ses vers repondans à la sublimi- » té de son esprit, ne sont pas à la portée de tous les » lecteurs. De-là vient qu'on le taxe mal-à-propos » d'être obscur, lorsqu'il n'est qu'élevé ; la conformi- » té même qu'on lui trouve dans cette piece avec le » grand Corneille, prouve invinciblement qu'il a sur- » passé les anciens & les modernes. »

Un railleur repartit brusquement que cette confor- mité avec Corneille étoit si parfaite, qu'elle s'éten- doit jusqu'à nous donner des Vers entiers du Cid, témoin celui-ci :

Tu parles en Soldat, je dois agir en Roi.

« Il est vrai, reprit l'Abbé, que ce Vers est dans

le Cid; mais il ne s'ensuit pas de-là, qu'il soit plus « à Corneille qu'à M. de la M. puisque le même « M. de la Motte qui n'est pas menteur, nous assure « qu'il l'a composé comme tous les autres, & que d'ail- « leurs il est mieux en place dans l'Ignés que dans le " Cid, puisqu'il attire les *brouhas bas* dans l'une, & " qu'il ne fait pas la moindre impression dans l'autre. ,,

Le même railleur convint alors du fait, & pour le confirmer, recita les Vers suivans.

Tu parles en Soldat, je dois agir en Roi.
Ce Vers qui dans Ignés charme tant notre oreille,
Est un Vers du fameux Corneille:
Houdart jure pourtant sa foi,
Et dit que cent preuves démontrent,
Qu'il est sorti de son cerveau:
Je le crois! il n'est pas nouveau,
Que les grands esprits se rencontrent.

Comme on en étoit là, M. de la M. à qui l'Abbé avoit donné rendez-vous dans la maison où nous étions, entra conduit par un de ses amis, qui le présenta à l'assemblée, il nous pria de continuer notre conversation; mais comme il vit qu'elle roûloit sur les défauts d'Ignés, & qu'on l'accusoit de bien des crimes Poétiques, il se leva à l'exemple d'un grand Romain, & nous dit, qu'il s'en alloit au Théatre du Palais Royal, où tout ce qu'il y avoit d'illustre à la Cour & à la Ville, étoit venu pour voir la soixantiéme representation de son Ignés; alors chacun s'étant levé le suivit en foule à la Comedie; j'y fût même entraîné par un ami qui malicieusement me fit placer sur le Théatre; mais m'étant esquivé adroitement, je m'allai mettre sous les Loges dans le Parterre, d'où je vis pleurer tous les Spectateurs, comme au ſpectacle le plus touchant & le plus intéreſſant qui ait été mis ſur le Théatre François ; leurs larmes me parurent ſi ſerieuſes que peu s'en fallut que je ne pleuraſſe de voir pleurer les autres ; je me frottois déja les yeux lorſqu'un quidam qui me reconnu me vint dire à l'oreille.

Ploratur lacrimis Mottai Ignesia veris.

Je lui répondis que ce n'étoit point Ignés que je pleurois, mais bien la perte de mon argent ſi mal employé à un ſpectacle ſi irregulier.

Ploratur lacrimis amiſſa pecunia veris.

De retour chez moi je ne laiſſai pas de reflechir ſerieuſement ſur l'admiration generale que toute la Ville & la Cour avoit pour Ignés ; je ſentois une eſpece de confuſion d'être preſque le ſeul qui lui refuſa des applaudiſſemens : ſi plaire, diſois-je en moi même, eſt la premiere de toutes les regles ; peut-on refuſer à M. de la M. la gloire d'avoir porté l'Art Poëtique au ſuprême degré.

Omne tulit punctum qui aula ſimul & placet urbi.

Perſuadé & pour ainſi dire convaincu, que c'étoit plûtôt par obſtination qu'en connoiſſance de cauſe, que je refuſois de me joindre à toute la France, admiratrice des Ouvrages de M. de la M. je réſolus de chanter comme on dit la palinodie, & préparant pour cela des plumes & du papier, je me couchai dans la ferme réſolution d'executer mon deſſein dès la pointe du jour : Boileau même qui m'aparut dans le fort de mon ſomeil, bien loin de m'en détourner, ſembloit l'approuver & m'exhortoit de ſuivre la multitude, en m'aſſurant que tous ceux qui deſcendoient dans les Champs Elisées, lui disoient tant de merveilles des Ouvrages de M. de la M. que s'il revenoit au monde il seroit un des premiers à lui rendre justice.

M'étant reveillé en sursaut & mis en Robbe de chambre, je vis avec une surprise extraordinaire que le papier que j'avois laissé sur la table étoit tout grifonné; car je croyois l'avoir laissé tout blanc; je m'appliquai à le déchifrer, & je trouvai que c'étoit un Epitre du même Boileau à M. de la M. à l'imitation de celle qu'il écrivit autrefois à M. de Racine sur le succès de son Iphigenie.

EPITRE.

Que tu sçais bien la Motte à l'aide d'un Acteur,
Empaumer, *étourdir*, *leurrer* un Spectateur,
Jamais en Portugal Ignés empoisonnée,
Ne couta tant de pleurs à la Cour étonnée,
Que dans l'heureux spectacle & brillant & tout neuf,
En a fait sous son nom verser la Château-neuf.
Aussi depuis long-tems tes illustres Ouvrages,
Attirent de Paris l'argent & les suffrages.
Par le grand Dieu des Vers ton genie inspiré,
Trouve loin de la Regle un chemin ignoré.
Sous ta main tous les jours mille beautés s'amassent,
Tous les autres rimeurs loin de chanter croassent,
Et ta vive lumiere éblouissant les yeux,
Même en admirateurs change tes envieux.
La mort seule ici bas en terminant leur vie,
Mit Corneille & Racine au-dessus de l'envie,

Fit au poids du droit sens peser tous leurs écrits.
Et donner à leurs Vers un légitime prix,
On connu la valeur de leur Muse éclipsée :
La noble Tragedie avec eux terrassée,
En vain d'un coup si rude esperant revenir,
Sur son coturne altier ne pût plus se sentir.
Toi donc qui t'élevant sur la Scene Tragique,
Surpasse de bien loin le moderne & l'antique,
Même dès ton vivant tu joüis du doux sort,
Que ces grands Ecrivains n'eurent qu'après leur mort.
Cesse de t'étonner si l'envie animée,
N'ose porter sur toi sa dent envenimée :
En cela comme en tout le Ciel qui nous conduit,
A tes doctes travaux devoit cet heureux fruit.
Des rimeurs d'aujourd'hui mille pieces tombées,
Sur le Théatre ont fait place à tes Machabées,
Où le vieillard Baron à l'honneur d'Israël,
Fait le role enfantin du jeune Misaël,
Qui s'élevant beaucoup au dessus de son âge,
Fait l'amour au milieu du meurtre & du carnage.
Romulus vint après, qui bien que ravisseur,
Traite son Hersilie avec tant de douceur,
Qu'il jure à Tatius pere de cette belle,
Que malgré ses fureurs elle est encore pucelle.
Il est vrai que Gacon ce Poëte sans fard,
S'oppose vivement à la gloire d'Houdart :
Mais que peut contre toi sa censure hautaine ?
Le Parnasse François ennobli par ta veine,
Méprisant sagement un lointain à venir,
Contre tous ses discours sçaura se maintenir.

Et

Et qu'importe après tout que Gacon te critique.
Si tes Vers sont l'objet de l'estime publique :
Si P..... enchanté de leur sublime essor,
Malgré soi les entend, les paye au poids de l'or :
Si C.... pour prouver qu'elles sont admirables,
Nomme un de ses Chevaux d'un nom * pris dans tes Fables.
C'est à tels connoisseurs à priser tes Ecrits !
Mais pour un tas grossier de frivoles esprits,
Qu'il s'en aille s'il veut, envieux de ta gloire,
Rire & s'encanailler à l'Agnés de la Foire,
Ou cherchant dans les Vers la rime & la raison,
Il s'en aille admirer le sçavoir de Gacon.

* Pleonasme,

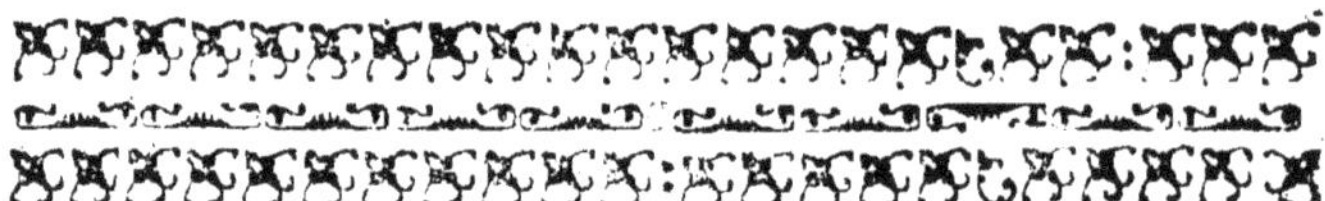

LETTRE SERIEUSE A M. DE LA M...

QUELQUES personnes d'honneur & de probité, ayant lû ces reflexions sur Inés, furent si contens de l'irronie douce & honnête, avec laquelle j'en faisois voir les défauts, qu'elles se chargerent elles-mêmes de les présenter au Sceau pour les donner au public. Votre Piece ayant paru depuis imprimée; ces mêmes personnes ont été si scandalisées de vous voir justifier vos coupables hadiesses par le succès, jusqu'à traiter de malhonnêtes gens vos Censeurs, qu'elles m'ont obligé de le prendre sur un ton serieux pour détromper ceux que les sophismes de votre Préface pourroient seduire.

Comme j'ai des preuves personnelles de votre sensibilité sur cet article, je ne me serois point laissé tenter par ces personnes, si elles ne m'avoient garanti de l'évenement. De plus, comme la vérité doit être douce & amere; douce pour pardonner, & amere pour guérir. Je remplirai en quelque sorte ces deux devoirs, puisqu'à la douceur d'une aimable raillerie je vais joindre l'amertume d'une juste repréhension, *veritas est dulcis & amara : dulcis parcit, amara curat.*

Quelque amour propre que vous ayés pour votre Ignés, comme vous n'avés pas laissé d'entrevoir qu'on pourroit la critiquer justement, vous avés tâché de prévenir le public contre ceux qui seroient assés téméraires pour la censurer. Il faut, dites-vous, mépriser jusques aux talens des critiques. Ce sont des gens de mauvaise foi, & qui pour ramener les hommes à la raison & à la vertu, violent eux-mêmes les regles de l'une & de l'autre.

Pour prouver votre axiôme vous cités avec mépris les sentimens *du Spectateur* sur votre Piece, parce qu'il a osé dire que votre stile deshonnoroit votre esprit ; ce qui loin d'être un injure est une loüange : car s'il est vrai que les paroles sont les habits des pensées ; c'est la même chose que si l'on disoit à quelque personne bien faite que son habit ne fait point d'honneur à sa taille.

Jugés de-là de votre fausse délicatesse, aussi a-t-on trouvé la reflexion suivante assés juste.

> Houdart nous prêchant le mépris,
> Que l'on doit aux Censeurs, ainsi qu'à leurs Ecrits :
> En chrétien, lui dit on, votre Muse s'explique :
> Mais vous montrés en Ecrivain,
> Plus de haine pour la critique,
> Que d'amour pour votre prochain.

Votre aversion pour la censure quand elle vous regarde, n'empêchera point que je ne vous fasse voir en peu de mots que vous avés choqué vous-même les loix de la raison, en blessant les mœurs du Théatre, comme vous avés violé celles de la vertu en blessant les bonnes mœurs.

Les mœurs du Théatre consistent à faire agir & parler tous les personnages qu'on y introduits selon l'usage, les tems, les climats: selon leur rang, leur dignité, & sur tout de faire ensorte qu'ils ne se démentent point, & qu'ils persistent dans leur caractere. Voici comme Horace s'en explique.

Apprenés donc de moi que le principal point,
Pour écrire avec art, avec grace & justesse:
C'est un profond sçavoir, une haute sagesse,
Les Livres de Socrate & de ses successeurs,
Vous aideront sur tout à connoître les mœurs:
Celui qui connoît bien les devoirs de la vie,
Ce qu'on doit aux amis, au sang, à la patrie,
Les obligations d'un Roi, d'un General,
D'un Juge..., celui-là dans un tableau moral,
Peignant les passions toûjours d'après nature,
Nous fera voir de l'homme une juste peinture,
Et ses nobles portraits exempts de tous défauts,
Serviront de modele en vrais originaux.

Bien loin de suivre les conseils d'Horace, vous n'avés suivi que votre caprice, vous faites paroître un Ambassadeur que l'on s'attend à voir donner le mouvement à toute la Piece par l'interêt qu'y doit prendre son Maître, & qui pourtant disparoit dès le premier Acte.

Dom Alphonse est un si bon Prince qu'il soutient à son fils que les Rois sont plûtôt faits pour les peuples, que les peuples ne sont faits pour les Rois; cependant malgré cette bonté, il veut faire *pendre* une Princesse de son Sang, parce que son fils a pris de l'amour pour elle, & même il veut faire mourir son fils parce que cette Princesse l'aime.

> Dans cette occasion ma severe justice,
> Joindroit pour vous punir l'opprobre & le suplice.

Après avoir condamné son fils sans avoir entierement receüilli les voix de ceux qu'il avoit assemblés pour le juger. Tout prêt à faire executer cette sentence horrible sur le soupçon qu'il a de leur mariage secret, il leur pardonne quand Ignés fait venir devant lui ses enfans, qui sont des preuves convaincantes de son crime: je ne dis rien de l'imprudence de ce bon Roi qui se confie à un Garde sur un ordre que lui donne Ignés prête à être la victime de sa fureur.

A l'égard de Dom Pedre, c'est un petit Maître, qui après être convenu avec Ignés de tenir leur amour caché, le va découvrir un moment après sans nécessité; Ignés qui n'a pas craint de blesser le point d'honneur convenable à son sexe & à son rang, par un mariage en *détrempe*, craint de se rendre coupable en se sauvant avec l'amant qu'elle a pris pour son époux.

Constance, l'Infante de Castille, amoureuse du Prince Dom Pedre, est si bonne qu'elle en est sotte, c'est un personnage tout Romanesque, & par conséquent contre les mœurs du Théatre, qui veut tout autre chose que des passions tranquiles.

Le seul personnage assés bien soutenu est celui de

la Reine, mais qui à cause de son caractere ouvertement scelerat, péche également contre la raison & contre la vertu.

Commençons par elle à faire voir combien vous avés blessé les bonnes mœurs en lui donnant une sceleratesse si outrée, qu'elle ose dire à sa fille qui veut la détourner de ses mauvais desseins.

> Chargés vous des vertus, je me charge des crimes.

Ce Vers plus digne d'une Médée sorciere & payenne, que d'une Reine chrétienne a fait horreur. Au moins la Médée d'Ovide nous dit:

> *Video meliora proboque, deteriora sequor.*

Ce que Quinaut a traduit noblement.

> Le dessein de Medée est d'être criminelle,
> Mais son cœur étoit fait pour aimer la vertu.

Votre empoisonneuse cent fois pire que Médée, est donc un personnage horrible, d'autant qu'elle ne fait voir aucuns remords, & que n'étant point punie à la Catastrophe, il semble que vous ayés voulu faire triompher le crime en sa personne. Que ne diroit-on point de l'Auteur d'une telle Scene, si l'on n'étoit pas persuadé par tous vos amis, que vous êtes encore plus à estimer par votre probité que par l'excellence de vos Ouvrages?

Vous avés osé reprocher à Homere de n'avoir pas sçû caracteriser les vices & les vertus, mais ne pourroit-on pas vous faire le même reproche avec plus de justice; nommés-nous le Législateur barbare qui punissoit de mort le mariage secret ou clandestin. Cette loi que vous ſuppoſés pour le fondement de votre Tragedie, eſt un effet de votre imagination. Du moins Guevara qui a traité le même ſujet n'en dit rien, & ſuppoſé que cette loi eût été; Dom Alphonſe bon Roi comme vous le peignés, auroit dû plûtôt l'abolir que de s'en ſervir pour tiraniſer ſes plus proches, & pour commettre un paricide.

Si je vous ai prouvé formellement que vous n'êtiés pas Théologien, il me ſeroit encore aiſé de faire voir que vous n'êtes pas Juriſconſulte. Une retraite au Couvent pour les filles, & à ſaint Lazare pour les garçons eſt le prix de la correction que les peres & meres exercent contre leurs enfans qui ſont tombés dans cette faute, encore faut-il que la rupture du mariage précede; & au cas qu'il n'y ait pas lieu de le caſſer, l'exheredation s'en peut ſuivre, encore ne peut elle paſſer juſqu'aux fruits légitimes d'un tel mariage.

Si du moins vous aviés fait voir que Dom Pedre avoit promis d'épouſer *Conſtance* pour cimenter la paix entre les Royaumes de Caſtille & de Portugal, & que contre ſa parole & par déſobéïſſance envers ſon Pere, il eût épouſé Ignés. Il y auroit eû quelque vrai-ſemblance dans la fureur du Roi contre ſon fils; mais ce n'eſt rien de tout cela, c'eſt au contraire un galimatias & une contradiction dans les mœurs tragiques plus digne de riſée que de larmes.

Au reſte cette loi étoit plaiſante, qui condamnoit à mort ceux qui contractoient un mariage clandeſtin, & qui ne prononce rien contre les Miniſtres, ſans leſquels il ne peut ſe contracter. C'eſt à peu près la même choſe que ſi un Prince condamnoit à mort ceux qui vendroient leur bien ſecretement, & qui cependant ne diroit rien aux Notaires qui en recevroient les actes.

Il y a plus, c'est que la faute d'Inés, quoique *hors du fouet & de la corde*, comme disent les bonnes gens, ne laisse pas d'être d'une dangereuse consequence à mettre sur le Théatre, d'autant qu'elle même l'excuse sur un prétexte si ridicule & si frivole, que Paris & la Cour deviendroit bien-tôt un lieu de désordre & de confusion, si toutes les filles suivoient son exemple.

Cependant tout fier du succès de votre Piece, vous osés assurer dans la Préface que la nouveauté que vous donnés au public, est un effet de votre respect pour lui, & que vous pousserés plus loin votre hardiesse quand il s'agira de lui plaire. Vous exhortés même vos Confreres les dramatiques à imiter votre audace, ce qui est une vanité jusqu'ici sans exemple : car je ne crois pas que jamais aucun bon Auteur se soit donné serieusement pour modele. Que si vous ne l'avés fait que pour vous moquer de la Nitetis de M. *Danchet*, & des Machabées de M. *Nadal*, qui n'ont pas trouvé grace devant le public comme votre *Inés* : vous êtes coupable d'ingratitude, puisque ces deux Messieurs vous ont toûjours prôné & que leurs Pieces étoient beaucoup meilleures que la vôtre, le public ayant imité la Medée.

Video meliora proboque deteriora sequor.

La Motte soutenant que dans les Tragedies,
Il faut des nouveautés hardies,
Fait qu'Ignés s'abandonne à l'amoureux transport,
De Dom Pedre qui feint de se donner la mort :
Il prétend même en sa préface,
Qu'un tel spectacle est des plus beaux,
Et conseille aux rimeurs de le suivre à la trace,
Pour attraper l'argent des sots.

La belle imitation, M. que vous nous proposés! ne voudriés-vous pas aussi que l'on vous imitât dans ce beau discours que vous faites tenir à Dom Pedre à son Inés mourante, & que l'Auteur du paradoxe a très-bien remarqué avant moi.

Que j'expire à vos pieds, & qu'unis l'un à l'autre,
Mon ame se confonde encore avec la vôtre.
Sont deux Vers de Petrone & lascif & payen,
Mais que la Motte Houdart, Auteur chaste & chrétien,
Fait dire avec tant de justesse,
Par Dom Pedre à sa chere Ignés,
Qu'ils ont fait pleurer de tendresse,
Jusqu'à nos plus sottes Agnés.

Outre le *transfudimus errantes animas* qu'on vous à cité fort à propos pour relever la turpitude de ces deux Vers, à peine suportables dans une Comedie des plus licencieuses; on pourroit encore vous accuser avec justice, d'avoir pris du même Petrone cette confusion d'ames, *implicita membra jam mixturam animarum fecerant*; le terme *d'encore* que vous avez inseré dans ces Vers rappele aux Auditeurs une idée si contraire à la pudeur, que je ne comprends pas comment vos amis ne s'en sont point apperçûs, & comment les Comediens ont osé le proferer.

Cependant comme si ce n'étoit pas assés, vous nous promettés quelque chose de plus dans votre Préface: en assurant que votre respect pour le public fera que vous porterés votre hardiesse encore plus loin.

Houdart ayant osé pour plaire à l'Auditeur,
Tenir certain propos contraire à la pudeur,

Promet encor dans sa Préface,
De porter plus loin son audace ;
Pour accomplir ce qu'il promet,
On dit que ce Rimeur, sans craindre d'être obscene,
Doit étaler aux yeux une amoureuse Scene,
Où les Acteurs viendront des paroles au fait.

Si cela est, M. le Théatre vous aura l'obligation de retomber dans ces ordures, contre lesquelles les Peres ont invectivé avec justice, & d'où *Corneille* & *Racine* l'ont tiré de notre tems par des Pieces non-seulement très-morales, mais encore très-saintes, telle que *Polieucte* & *Attalie*.

Vous ne manquerés pas de dire qu'il faut que je sois bien temeraire & même très-imprudent pour oser censurer une Piece qui a fait l'admiration de tout Paris, c'est-à-dire, qui a plû à un nombre infini d'honnêtes gens, & de gens d'esprit, dont cette grande Ville est remplie.

A cela je reponds que cet applaudissement universel dont vous vous glorifiés, loin d'être une preuve infaillible de la bonté d'une Piece, est souvent la preuve du contraire.

Les Comedies d'un Auteur de votre *connoissance* ont eû encore plus de succès que vos Tragedies ; les sommes très-considerables qu'elles ont produites par les représentations & les impressions ont été bien au-dessus de celles que vous avés tirées du public. Les Princes même l'ont honoré de recompenses : malgré tous ces grands avantages, je ne laissai pas de m'élever publiquement contre cet Ecrivain, comme contre un corrupteur des bonnes mœurs. J'osai dire & imprimer li y a près de trente ans.

Depuis que ſur la Scene on ne voit plus en France,
D'heureux imitateurs des beautés de *Terence*,
Il eſt tel froid ſpectacle inventé par *Candourt*,
Que tout Paris condamne, & que tout Paris court :
Il excelle en vile peinture,
Mieux qu'aucun Auteur d'aujourd'hui,
Et rencontre toûjours chez lui,
De quoi peindre d'après nature.

Ce Portrait marqué au coin de la vérité, ne contribua pas peu à m'attirer de fâcheuſes affaires ; je fus arrêté & mis en priſon comme un calomniateur atroce.

Mes meilleurs amis m'abandonnerent au bras ſeculier, & s'attendoient tous les jours à me voir punir comme un pertubateur du repos public.

Heureuſement pour moi, M. M. de la *Renie* & *d'Argenſon* indignés de la perſecution qu'on me ſuſcitoit me tirerent d'affaire, quoique je n'euſſe d'autres Patrons que ma droiture & mon innocence ; il eſt vrai qu'en prononçant mon abſolution, ils me citerent ces paroles, *veritas inimicos parit, obſequium autem amicos*.

Pour comble de ma juſtification, & ſi je l'oſe dire de ma gloire ; Loüis XIV. ordonna dans la ſuite au Lieutenant de Police de ſuprimer au Théatre la plus grande partie des Pieces de ce même Auteur ; cependant j'oſe dire que ſes Comedies toutes obſcenes qu'elles ſont, ſeroient beaucoup moins dangereuſes que des Tragedies pareilles à celles d'Inés ; les premieres ne peuvent guere faire d'impreſſion que ſur le petit peuple, au lieu que les autres peuvent corrompre d'honnêtes gens, *Regis ad exemplum*.

Je ne m'étendrai pas d'avantage sur ce paralelle, il ne pourroit tourner qu'à votre confusion, & m'obligeroit à pousser trop loin cette amertume salutaire dont parle S. Augustin, qui guérit les obstinés dans leurs égaremens, & que j'ai crû devoir mêler à cette douceur aimable, qui pardonne à ceux qui reconnoissent leurs fautes. C'est aussi le sentiment d'Homere, qui assure que les racines de la correction sont ameres, mais que les fruits qu'elle produit sont très-doux *amaræ radices reprehensionis, fructus autem dulcissimi.*

Au reste, M. bien loin de convenir que votre Poéme d'Inés mérite quelque censure, vous le croyés aussi parfait que l'Eneïde; on m'a fait, dites-vous, le même honneur qu'à Virgile. On m'a travesti.

Houdart dit que la Parodie
De son *Ignés* en Comedie,
Lui fait le même honneur que celle de *Scaron*,
A fait à *Virgile Maron*,
O que la vanité gonfle un mauvais Poéte!
Car faire aller de pair *Ignés* avec *Didon*,
C'est vouloir égaler la Reine & la Grisette,
Ou mettre au même rang le sucre & l'amidon.

Ce dernier Vers désigne assés bien la difference qu'il y a de vos Ouvrages à ceux de Virgile; sa Poésie est pleine d'une douceur comparable au sucre qui nourrit agréablement & fortifie l'estomach: au lieu que la vôtre semblable à l'amidon, n'est propre qu'à un ornement frivole, ou à faire des dragées, qui par leur fadeur dégoûtent même jusqu'aux enfans; de plus, il est faux que le Burlesque de Scaron ait jamais fait honneur à Virgile, l'Auteur du paradoxe vous le nie formellement avec Boileau.

Le Parnasse parla le langage des Hales,
On ne vit plus en vers que pointes triviales;
Le Burlesque regna sans pudeur & sans frein,
Apollon travesti devint un tabarin.

Oüi, M. bien loin que *Scaron* ait fait honneur à *Virgile* en le traverstissant, il s'est deshonnoré lui-même, au lieu qu'*Arlequin* en vous parodiant s'est fait honneur.

Scaron travestissant *Virgile* & son Poéme,
Par son stile plat & bouffon,
En se deshonorant lui-même.
N'a point deshonoré *Didon*,
Ce fait que ton orgueïl colore,
Nous fait voir qu'*Arlequin* par sa burlesque *Agnés*,
Est different, puisqu'il s'honore,
En deshonorant ton *Inés*.

Que si la Foire a fait voir le ridicule des caracteres de tous vos Heros & Héroïnes, & a prouvé la mauvaise ordonnance & disposition de votre Piece. L'impression que vous en venés de faire ne permet plus de douter de la bassesse, de l'obscurité, & si je l'ose dire de la platitude de vos Vers: que s'ils ont été courus & admirés, tout l'honneur en revient à la déclamation & au jeu des Comediens.

Baron declame avec tant d'art,
Les grands Vers de la Motte Houdart.
Qu'on croit entendre des merveilles :
Mais quand *Dupuis* les donne au Lecteur curieux ;
Ce qui fit par l'Acteur le charme des oreilles,
Devient par l'Imprimeur le suplice des yeux.

Que diront Messieurs les Journalistes de Hollande sur votre *Inés*, eux qui se sont étonnés qu'un illustre Academicien comme vous eût fait une aussi mauvaise Piece que *Romulus*, & que vous vous fussiés prévalu des suffrages d'un Prince non seulement connoisseur en fait d'Ouvrages d'esprit, mais capable lui-même d'en faire d'excellens.

Sans doute ont-ils dit que ce Prince n'avoit eu la bonté d'applaudir à un si mauvais Ouvrage, qu'afin de vous exciter à en faire un meilleur : mais votre *Inés*, loin de justifier leur opinion les va remplir d'un nouvel étonnement, *& erunt novissima pejora prioribus.*

Je suis, M. malgré le peu de cas que je fais de vos Poésies, avec une estime & une vénération singuliere pour votre mérite personnel.

Votre, &c.

Du Prieuré de Baillon ce 1. Oct.

LETTRE AU SUJET DU SECRETAIRE DU PARNASSE.

J'AY lû, M. les reflexions du Secretaire du Parnasse sur l'Inés de M. D. L. M. Je vous avoüe qu'à la premiere lecture elles m'ont fort réjoüi : mais à la seconde j'ai trouvé, comme le soutient le même M. D. L. M. que les critiques sont toûjours des gens de Mauvaise foi.

En effet, pourquoi reprocher sans cesse à M. D. L. M qu'il n'y a dans son Inés aucune utilité morale, & que cette Piece est plus propre à corrompre les mœurs qu'à les regler : je veux que cela soit; qu'en résulte t il ? que M. de la M. n'est pas un excellent Poéte. Or, c'est en quoi le Censeur se trompe, puisqu'on peut être aussi grand Poéte en corrompant les mœurs qu'en les reglant : *Témoin la Fontaine qui n'est pas moins bon Poéte dans ses Contes que dans ses Fables, comme le Carrache n'est pas moins grand Peintre dans ses Tableaux obscenes, que dans ses Tableaux de pieté.*

Ce sont les propres paroles de M. de la M. qui a

prouvé clairement & authentiquement dans un discours sur la Poésie à la tête de ses Odes, que l'utilité morale n'est point nécessaire à la Poésie, & que ce n'est que *a i honores* lorsqu'elle s'y rencontre.

Or ce principe bien prouvé, comme il l'est, rien n'est plus injuste que de citer sans cesse Aristote, Horace & Boileau, à un Auteur qui n'y a point de foi: puisque c'est à peu près la même chose que si on citoit la Bible à un Mahometan.

Il est vrai qu'Horace dit, que celui-là atteint la perfection de l'Art qui plaît en instruisant, ou qui instruit en plaisant; que c'est par-là qu'il enrichit son Libraire, & qu'il marche à l'immortalité. Mais M. de la M. a bien fait voir que ces deux conditions qu'Horace joint ensemble pour la perfection de la Poésie peuvent se diviser, puisque ayant instruit dans ses Fables sans plaire, il plaît dans ses Tragedies sans instruire.

Par le prodigieux debit qui se fait de ses Ouvrages, & les grandes sommes qu'il en retire, il obtient le premier & principal point qui est de s'enrichir lui & son Libraire; à l'égard du second qui est l'immortalité, c'est l'affaire de ceux qui viendront *ipsi viderint*.

N'est ce pas encore un trait de mauvaise foi de la part du Censeur, d'accuser M. de la M. d'avoir fait de la Reine de sa Piece une indigne empoisonneuse; sur quel fondement a-t-il pû avancer ce fait, puisqu'il n'est point parlé de poison dans toute cette Tragedie; il est vrai qu'Ignés meurt sur le Théatre, mais qui lui a dit que c'est par le poison que la Reine lui a donné. Cet accident ne peut-il pas être aussi-tôt l'effet d'une colique néfretique *d'un miserere*, *d'un trousse galant*, ou enfin d'une mort subite; catastrophe encore inusi-

tée

tée sur le Théatre, mais dont M. de la M. a enrichi l'Art de la Tragedie, ce qui marque l'étenduë de son esprit, puisqu'elle avoit échappé à tous les grands Maîtres.

Le Secretaire lui objecte encore très-injustement la bassesse, la barbarie, & l'obscurité de ses Vers, sans en donner la moindre preuve; la seconde édition d'Ignés en moins de huit jours, lui donne un démenti formel, & justifie pleinement M. de la M. de cette honteuse accusation.

Contre les Vers d'Houdart ce Poéte divin,
Plus grand qu'Homere, Horace & Phedre,
Les Censeurs s'acharnent en vain:
Tout Paris pour Ignés à les yeux de Dom Pédre.

Ces Vers qu'on dit être du Censeur, feront plus d'honneur à M. de la M. que toutes ses critiques ne lui feront de tort; en effet ils font voir qu'il est plus grand qu'Homere par son Iliade corrigée, plus élevé qu'Horace par la sublimité de ses Odes, & plus estimable que Phedre par l'élegance de ses Fables. A quoi l'on peut ajoûter qu'il est plus intéressant & plus tragique que les Sophocles & les Euripides par ses tendres & charmantes Tragedies.

Ces quatre Vers & la Lettre de Boileau des Champs Elisées sont deux Pieces qui prouvent que le satirique n'est pas si en colere qu'il le paroît contre les Ouvrages Poétiques de M. de la M. & qu'il pourra bien un jour joindre à l'amitié qu'il conserve pour sa personne l'estime que ses productions méritent.

C'est le conseil que je lui donne, & sur tout de ne plus se servir du stile épigrammatique contre M. de la M. puisque cet Auteur ne l'aime pas, & qu'il a dit formellement que les Epigrammes ne prouvoient rien ; & qu'elles étoient indignes d'un honnête homme : outre que cette reconciliation poétique feroit honneur au Secretaire du Parnasse, elle pourroit lui être utile, puisque M. de la M. est assés puissant & assés reconnoissant pour lui procurer quelque avantage dans le nouvel état que le Censeur vient d'embrasser. Je ne vous en aurois point parlé si le Secretaire n'avoit datté ses Lettres du Prieuré de Baillon. Ne pourroit-on pas même lui lâcher à ce sujet un petit quatrain.

Si pour gagner les Cieux, le Poëte sans fard,
S'est fait Prieur & solitaire :
Au lieu de s'amuser à critiquer Houdart,
Ne feroit-il pas mieux de dire son Breviaire.

Je ne lui conseille pourtant pas de prendre cet avis à la rigueur, la République des Lettres y perdroit trop. Je l'exhorte au contraire de continuer son dessein, puisque l'on peut fort bien accorder les devoirs Ecclesiastiques avec ceux de la Litterature : je lui promets même de tems en tems quelque petit morceau comme celui-ci pour le soulager dans ses fonctions, & pour faire voir au Public le pour & le contre. Je suis

Votre, &c.

LETTRE DE L'AUTEUR A M....

IL ne faut défier personne, est une maxime très-sage, & je vais prouver à vos dépens que vous auriés très-bien fait de la suivre. Vous me defiez donc, M. après tout ce que j'ai dit sur l'Ignés de M. de la M. de pouvoir dire encore quelque chose sans me repeter; mais outre un grand nombre de jolis Vers que l'on m'a envoyé sur ce sujet, & que je pourrai donner dans la suite; vous allez voir que bien loin d'être épuisé, je ne fais que commencer.

L'Auteur des paradoxes prétend que M. de la M. s'est critiqué lui-même sans y penser, lorsqu'il est convenu que l'on avoit douté si l'on riroit ou si l'on pleureroit à la catastrophe de son Ignés. Je ne suis pas de cet avis, je crois au contraire qu'il a voulu se faire honneur, à peu près comme un General qui conviendroit que la victoire balança quelque tems, mais qu'enfin elle fut contrainte de se ranger du côté de ses Etendars.

Houdart qu'on ne peut trop vanter,
Nous a, dit-il, fait hesiter,
Entre pleurer & rire à sa Piece tragique:
Et vous verrés qu'un jour pour se faire admirer,
Il mettra sur la Scene une Piece comique,
Où nous hésiterons s'il faut rire ou pleurer.

Ses critiques trouvent encore mauvais qu'il n'ait pas osé imprimer l'Epitre dédicatoire qu'il avoit composée à l'honneur du défunt Cardinal premier Ministre son ami, mais je trouve qu'il a bien fait *de faire ceder le conseil de son zele au respect de l'usage & des convenances.*

Houdart n'a point osé dedier son Ignés,
Au Cardinal du Bois même après son decès,
De crainte de choquer notre âge:
Et je trouve qu'il n'a pas tort.
En effet ce n'est plus l'usage,
D'aimer les gens après leur mort.

L'on prétend que c'est par une honteuse ignorance des regles que M. de la M. a si mal inventé sa Fable & conduit tout son Poéme; je soutiens au contraire, que c'est par un trait d'habile Auteur & de vieux routier qu'il s'est dispensé de les suivre: le peu de succès que ses Confreres les dramatiques avoient eû en les pratiquant, lui a inspiré le dessein de les violer, en quoi l'on peut dire qu'il a été recompensé de sa hardiesse par une réussite à toute épreuve.

Les regles sont chez les François ;
Qu'aussi tôt qu'une Piece a manqué par deux fois,
De rendre cinq cens francs, alors la troupe cesse,
De donner à l'Auteur double part dans la Piece :
Or Houdart par un trait de rimeur *jubilé*,
Et par un tour des plus espiegles,
Fait d'Ignés un Poëme en tout si dereglé,
Qu'il ne peut tomber dans les regles.

Que si on la retiré du Théatre ce n'est que pour la redonner cet hyver avec plus de pompe & de magnificence qu'auparavant.

Baron l'hyver prochain nous redonnant Ignés,
Qui par des vers obscurs & bas s'est avilie :
Veut nous vendre comme à des niais,
Du vin trouble jusqu'à la lie.

Les vers louches & rampants de cette Tragedie sont assés bien désignés par ces vins qu'on ne peut jamais clarifier, & ausquels on ne peut donner du montant sur quelque rapé qu'on les mette, le vice du terroir est incurable.

M. de la M. s'étant renfermé dans la premiere & unique regle qui est de plaire, n'a point voulu multiplier les êtres sans nécessité, en mêlant l'utile à l'agréable ; il nous prouve même qu'il fait gloire d'une telle doctrine, puisqu'il a pris un arbre stérile au lieu d'un arbre fruitier, pour être le tribunal où il rend ses ordonnances poétiques.

Au pied d'un Yf au Luxembourg,
Houdart tient sa pleniere Cour,
Et là, décide en Roi de la litterature:
Or cet arbuste vert qui n'est d'aucun profit,
Nous fait de ce rimeur une juste peinture,
Puisqu'il nous plait sans aucun fruit.

Sans doute vous me direz que si ces Epigrammes étoient présentées au tribunal de l'Yf, elles ne seroient pas trouvées si bonnes que je me l'imagine : je le crois, mais outre que ce tribunal n'est pas infaillible, il n'est pas si souverain qu'on ne pût en appeller à des Juges superieurs.

Enfin M comme j'aproche des bornes que je me suis prescrites, & que le papier me manque plûtôt que la matiere. Je finis par une Epigramme d'un de mes amis, qui n'avoit jamais fait de vers, mais que l'indignation seule a rendu Poéte.

Quand Boileau Prevôt du Parnasse,
Aux Ecrivains marquoit la place,
Tout rimeur alloit bride en main:
Depuis que la cruelle Parque,
Nous a ravi cet aristarque,
On n'écrit plus qu'à la cotin;
Le Phæbus fait notre marote,
En un mot dans Houdart la Motte,
Nous admirons un Trissotin.

EPIGRAMME.

QUoiqu'en dise aujourd'hui le Poéte sans fard,
Horace en sçavoit moins que le rimeur Houdart :
Ce Poéte payen vouloit de l'harmonie,
Et de l'instruction dans une Tragedie,
Des caracteres vrais, sans quoi rien n'étoit bon ;
Le Poéte chrétien nous prouve le contraire,
Et fait à ce Romain une vive leçon :
Car sans mœurs & sans caractere,
Et même sans chercher ni cadence ni son,
Dans son Ignés il a sçû plaire.

ANALISE DE L'IGNES DE CASTRO DE M. DE LA M.

UN Roi qui s'eſt mis dans la tête,
Que ſon fils lui doit obéir,
Et qu'il le fera conſentir,
Au joug de l'hymen qu'on apreſte,
Un Ambaſſadeur morfondu,
Qui s'en va comme il eſt venu :
Un Prince qui tantôt ſoupire,
Et qui tantôt fait le mutin,
Pour conſerver une Catin,
Dont malgré les loix de l'Empire,
Il a fait ſa chere moitié,
Sans qu'on puiſſe ſçavoir ni dire,
Le tems de leur longue amitié.
Une vertueuſe Princeſſe,
Qu'on deshonore impunément,
Et qui cependant s'intereſſe,
Aux jours de cet Epoux Amant,

La mere qui fait grand vaccarme,
Et qui va répandant l'alarme,
Crier qu'il faut faire mourir,
Ce nouveau monstre de nature,
Faire à sa fille cette injure?
C'en est trop cent fois pour perir....
Là dessus un conseil s'assemble,
Le pere parle, pâlit, tremble:
De son fils il attend le sort,
Deux muets le jugent à mort;
Mais par un hasard necessaire,
Pour tirer le Prince d'affaire,
On voit paroître deux petits,
Dont la présence est si touchante,
Qu'elle calme tous les esprits,
Et le pere sauve le fils.
Ce Prince contre son attente,
Admirant son nouveau destin,
S'applaudissoit au fonds de l'ame,
De voir comme au gré de sa flame,
Tout prenoit une heureuse bonne fin.
Charmé des bontez de son pere,
Il s'en loüoit avec raison,
Lorsque sa femme en pamoison,
Interrompt ce beau corollaire,
Et meurt atteinte de poison:
On ne sçait de quelle façon,
Est cette liqueur meurtriere;
Mais comme on sçait qu'à la maison,

Tous les malheurs ſont d'ordinaire,
Des petits jeux de belle-mere,
Chacun a le même ſoupçon.
Ainſi finit la Tragedie,
Moins admirable qu'aplaudie.

AVEC Huet & Fenelon,
Deux grands favoris d'Apollon,
Porée a mis Houdart la Motte:
Cependant ſa muſe eſt ſi ſotte,
Et rime ſi fort de travers,
Qu'on ne ſçauroit lire ſes vers,
Voilà ſans doute de quoi faire,
Un paradoxe litteraire.

Houdart en vers fade & péſant,
Et dont le ſtile eſt déplaiſant,
A pourtant compoſé des Fables:
Or bien qu'elles ſoient miſerables,
Il en a par Souſcriptions,
Fait au moins cinq éditions.
Voilà ſans doute de quoi faire
Un paradoxe litteraire.

La Motte par un aveu franc,
Convient qu'il eſt un ignorant,
Toutefois contre une ſçavante;
Il obtient victoire éclatante,
Et prouve qu'il compoſe mieux,
Qu'Homere le Pere des Dieux.
Voilà ſans doute de quoi faire
Un paradoxe litteraire.

Houdart le plus plat des rimeurs,
Ignore abſolument les mœurs,
Les paſſions les caracteres;
Il dit pourtant à ſes Confreres;
Imitez moi? vous gagnerez
De l'argent tant que vous voudrés.
Voilà ſans doute de quoi faire
Un paradoxe litteraire.

Enfin Houdart faux Orateur,
Vrai ſophiſte & froid proſateur,
A pourtant la premiere place,
Et tous les honneurs du Parnaſſe.
Mais comme il eſt dans notre tems,
Peu de bon goût & de bon ſens
Il faut être fou pour en faire
Un paradoxe litteraire.

SOUSCRIPTIONS DESINTERESSEES.

COMME j'achevois l'Epitre de Boileau, un de mes amis entra dans ma chambre, & m'ayant demandé à quoi je travaillois. Vous ne le devineriez jamais, lui répondis-je; *c'est apparemment à votre traduction de l'Art Poëtique d'Horace & de Boileau, ou à l'Art de peindre de Dufenoy.* Point du tout, Monsieur, lui dis-je. Je prétend au contraire les oublier parfaitement pour ne m'appliquer desormais qu'à un autre Art bien plus court & bien plus aisé. *Eh quel est-il cet Art*; l'Art de plaire! Eh quoi? *Est-ce qu'on peut plaire sans suivre les regles que ces grands Maîtres nous ont données:* Oui, Monsieur, on le peut, & l'Ignés de Castro que je vis hier en est une preuve aussi sure qu'incontestable.

Vous êtes fou, me dit-il alors, & je venois vous prier de la part de cent honnêtes gens, de hâter ce grand Ouvrage pour mettre un ferme obstacle au torrent du mauvais goût.

Eh de quoi me serviroit de l'achever si je ne puis le faire imprimer; car je vous dirai confidemment & à ma honte, qu'en ayant parlé à un fameux Libraire de Paris, il m'a répondu que le Théatre de la Foire occupoit toutes ses Presses, & que d'ailleurs la matiere du Livre que je lui proposois étoit si méprisée & si méprisable, qu'il se garderoit bien de l'entreprendre : on m'a promis, ajoûta-t-il, un Receüil des plus beaux *mirlitons*, & j'espere obtenir la seconde partie des Fables de M. de la Motte.

Ma foi vous êtes bien bon de vous en rapporter aux Libraires, reprit mon ami, faites l'imprimer par souscriptions; cela seroit bon, répartis je, si elles n'étoient pas décriées à un point que l'on parle de faire intervenir le ministere de M. le Procureur General, pour mettre quelque ordre aux abus qui s'y glissent.

Eh bien faites les vôtres de maniere que les plus délicats n'y trouvent rien à redire; vous trouverés encore assés de gens amateurs des belles choses, pour en débiter une édition. Nous vous chercherons des Souscripteurs, & s'il vous faut avancer de l'argent pour cette entreprise, ma bourse est à votre service.

Depuis que l'usage des Souscriptions s'est introduit en France, le public a très-grand sujet d'être mécontent. L'on peut même assurer qu'il a été la dupe des trois especes d'Auteurs qui ont paru dans ce genre.

Les uns très-sçavans & très-capables de s'aquiter de leurs promesses envers le public comme le Pere Montfaucon, pour remplir trop promptement l'avidité des Libraires, & pour favoriser leur avarice, ont donné des Ouvrages fort au-dessous de leur capacité. Un miliers d'écus de gratification à un habile Dessinateur qui auroit conduit les Graveurs, rendoit son Ouvrage plus digne de l'antiquité & des connoisseurs.

Les seconds Auteurs à souscriptions très-incapables de mériter l'estime du public, par leurs talens ont tâché de le ſurprendre par des ſujets intereſſans, & par des diſcours plus dignes d'Arlequin & de Scaramouche que d'un Ecrivain, je ne dis pas cenſé, mais qui auroit un grain de ſens commun.

Telles ſont les merveilles parlantes du Seigneur de Monicard, qui muni d'une Approbation de l'Academie Royale, a reçû l'argent du public & s'en eſt allé à l'autre monde avant que de donner ſes neuf volumes contenant les cent mille vers qu'il diſoit avoir composé dans la Baſtille ſans plume, ſans ancre, ſans papier & ſans chandelle : l'on pourra juger de la piece par l'échantillon : voici comme il dépeint Sapho en parlant à Louis X V. auquel il préſente ſon Livre.

Je ſuis Madelon friquet,
Veuve fringante & très-gentille,
Je ſuis Madelon friquet,
Et je me moque du caquet,
J'allois la nuit par la Ville,
D'un amant tater le loquet, &c.

Et par apoſtille *Madelon friquet, guimbarde & maîtreſſe d'un Soldat des Gardes*; ce ſont là les moindres ordures dont ce Livre eſt plein; & l'on ne comprend pas comment un ſi miſérable Auteur a pû trouver grace devant un Academie celebre; car pour les loüanges qu'il a reçûës de M. H. de la M. l'on peut dire ſans ſe tromper qu'elles ſont de la nature de celle du Calliſtrate de Martial.

Ne laudet dignos laudat Calliſtratus omnes :
Cui malus eſt nemo, quis bonus eſſe poteſt.

L'Affiche qu'il donna au public pour lui annoncer son Ouvrage est des plus singulieres, & méritoit bien l'Epigramme suivante.

Monicart au cachot détenu dans les fers,
A composé cent mille vers,
Sans encre, sans papier, sans plume, sans chandelle:
C'est lui même qui nous le dit:
Il pourroit ajoûter à ce recit fidelle,
Sans cadance & sans art, sans sel & sans esprit.

Scriptor hic ut dicit nigra detentus in arce,
Carmina centum & plus millia composuit:
Hæc sine candela, calamo, libro atque papiro,
Et sine quod reticet mente, metro, arte, sale.

La troisiéme espece d'Auteurs que je n'indiquerai pas, se moquant des traités faits avec le public, l'ont contraint de payer un cinquiéme au-dessus de son engagement, & cela avec une autorité si despotique que les Souscripteurs se sont contentés de murmurer sans oser se plaindre.

Les Souscriptions que l'on propose aujourd'hui, bien loin d'être à charge au public, ne lui peuvent qu'être avantageuses, puisqu'il ne fera aucune avance s'il ne veut, & que ceux qui la voudront faire, retireront sur le champ la valeur de ce qu'ils avanceront.

Comme l'unique but que l'on a par ces Souscriptions, est de sçavoir s'il y a encore assés d'amateurs des belles Lettres, pour acheter un Livre qui en sera pour ainsi dire la source. On se contentera de recevoir les noms des Souscripteurs avec la piece de quarante-six sols d'erre, & on leur donnera un Homere vangé en blanc banc ſigné de l'Auteur ; & pourvû qu'ils prennent l'Ouvrage en queſtion dans le mois qu'il ſera affiché, ils l'auront à quarante ſols, meilleur marché que ceux qui n'auront donné que leur nom.

Ce Livre aura deux volumes in quarto, le premier contiendra l'Art Poétique d'Horace, mis en vers François, l'Art Poétique de Boileau mis en vers Latins, & l'Art de Peinture de Dufrenoy mis en vers François avec un diſcours à la tête de chaque Ouvrage latin & françois.

Le ſecond volume contiendra une application des préceptes aux Ouvrages d'apreſent, où l'on prouvera invinciblement que ceux là ne ſont bons qu'à proportion qu'ils ſont conformes aux regles, ce qui ſera la ſuite de l'Homere vengé. On y refutera vivement les impertinences que des ignorans ou des eſprits malins débitent contre ces grands Maîtres, auſquels la Republique des Lettres eſt ſi redevable.

On fera voir que ce n'eſt point par compliment, ou pour faire les honneurs de ſon païs qu'Horace a loüé Homere, comme l'aſſure M. de la M. & l'on prouvera à M. l'Abbé Terraſſon que ce même Horace en donnant l'Iliade & l'Odyſée pour modele, a repreſenté leur Auteur pour ce qu'il étoit véritablement, & non point comme il auroit dû être.

Quanto rectius hic qui nil molitur inepte, &c.

Qu'il commence bien mieux ce ſage & grand Poëte ;
Que la raiſon conduit dans tout ce qu'il projette :
Loin d'ouvrir ſon Poéme avec tant de fracas,
Et s'élever bien haut, pour retomber bien bas ;
Son debut ſeul, fait voir une prudence exquiſe.

Et

Muſe chantez ce Grec ! qui Troye étant conquiſe,
Traverſant les païs, les terres & les mers,
Examina les mœurs de vingt peuples divers ;
D'un feu folet ſa muſe à l'inſtant enflamée,
Ne nous donnera point une obſcure fumée,
Mais plûtôt diſſipant l'ombre & l'obſcurité,
Sans ceſſe brillera d'une vive clarté.
Sublime en ſes diſcours & prodigue en miracles,
Il ſurprend ſes Lecteurs par d'étonnants ſpectacles :
Le Roi des Leſtrigons & Charibde & Scylla,
Le Cyclope qu'Ulyſſe en ſon antre aveugla !
Pour offrir à nos yeux une plus vaſte ſcene,
Il ne va point chercher la naiſſance d'Helene :
Et ne remonte point à ce fatal flambeau,
Qui mit en ſe brulant Meleagre au tombeau.
Il va toûjours au fait & d'un ſtile rapide,
Entraine ſon Lecteur de nouveautés avide.
Tout ce qu'il déſeſpere embelir par ſon Art,
Sa muſe l'abandonne ou le met à l'écart.
Il ſéduit, il enchante & dans tout ſon Poëme,
On croit être préſent & voir l'action même :
Par le commencement, la fin & le milieu,
On voit qu'il a placé chaque choſe en ſon lieu :
Enfin ce grand Auteur range ſi bien ſa Fable,
Que tout menteur qu'il eſt il paroît véritable.

Ce portrait si ressemblant & si relatif aux Ouvrages d'Homere, devroit faire revenir MM. les modernes de leur entêtement contre ce grand Poéte : je l'ai rapporté dans le dessein de donner un essai de ma maniere de traduire.

A l'égard de Boileau, bien qu'il ne dût pas avoir besoin d'Apologiste ; cependant comme les sots discours que l'on répand dans le caffé des beaux esprits, contre la memoire & les écrits de ce grand homme, pourroient faire quelque impression ; on tâchera d'en faire l'apologie : son Art Poétique est un chef-d'œuvre si parfait que si je mérite quelque gloire pour l'avoir mis en Vers latins, elle retourne entierement à mon original, d'après lequel il est impossible de mal faire pour peu qu'on veuille le suivre.

C'est en vain qu'au Parnasse un téméraire Auteur, &c.

Culmina Parnassi frustra temerarius Autor
Tentat, & excelsam cupit exercere Poësim :
Si cœli haud sentit tectos in corde favores,
Astraque nascendo, hunc si non finxere Poëtam.
In stricto ingenio semper captivus anhelat,
Hunc nec Apollo, nec hunc infrænis Pægasus audit.
Ergo Periclosо quicumque ardore repleti
Curritis ingenii stadium undique vepribus hirtum
Carmina vertendo sine fructu haud perdite tempus,
Proque nec ingenio rhitmorum carpite amorem.

Outre que cette maniere de traduire peut être utile aux François qui apprennent le latin, elle sera favorable aux étrangers qui ne sont pas assés versés dans notre langue.

Enfin le Poéme de Dufrenoy sur la Peinture, sœur de la Poésie, achevera de persuader que si l'on ne prend les anciens pour sa regle & pour sa conduite dans tous les beaux Arts, on ne fera jamais rien qui soit digne de la posterité. Voici comme ce grand maître traite cette vérité importante.

La nature est de l'Art la maîtresse & la Reine,
Elle doit commander, agir en souveraine,
Et les yeux n'admettront rien de grand ni de beau,
S'il ne porte avec soi son attache & son sceau.
C'est elle qui peut seule éclaircir tous nos doutes:
Comme dans les Forêts nombre de fausses routes,
Trompent un voyageur, l'écartent du chemin,
S'il n'a pour se conduire une Boussole en main.
De même dans notre Art entre mille pratiques,
On n'arrive au vrai but qu'en suivant les antiques.
Ces grands originaux, ces restes précieux,
Du noble esprit des Grecs effets prodigieux:
Médailles, reliefs, vases, pierres gravées,
De la fureur des tems heureusement sauvées,
Et plaignés notre siecle où de foibles esprits,
Leur veulent dérober & la gloire & le prix,
Bien que toûjours rampants & plongés dans la crasse,
Leurs compositions soient sans force & sans grace:
Tel est de notre tems ce Zoile nouveau,
Ce Sophiste malin, ce debile cerveau,
Qui suivant les transports d'une jalouse haine,
Contre les anciens s'emporte & se déchaine,
Et dont les sots discours & les fades Brocars,
Tendent à ramener un faux goût dans les Arts.

Le second & dernier volume renfermera un extrait des meilleurs Ouvrages de notre siécle, mis en opposition avec ceux qui n'ont que du clinquant. Ce recueil sera d'autant plus curieux, que les personnes les moins sçavantes & les moins appliquées, seront en état de juger la fameuse question qui regne entre les anciens & les modernes.

On n'épargnera rien pour la beauté de l'impression & du papier ; les quatre frontispices allegoriques seront dessinés & gravés par les meilleurs Maîtres.

Les Souscriptions seront reçûës chez Fournier Libraire, ruë Saint Jacques aux Armes de la Ville, ou chez l'Auteur ruë du Renard, derriere l'Hôtel de Coelin.

Que si parmi les Souscripteurs il s'en trouvent qui veüillent par liberalité & pour servir de Mecenes à cet Ouvrage, avancer quelque chose à la maniere d'Angleterre, on imprimera leur nom dans un Catalogue au commencement du Livre, pour apprendre à la posterité leur zele pour la propagation de l'Empire des Belles Lettres.

EPIGRAMME.

HOUDART en perdant sur l'espece,
Qu'il retira d'Inés fut en grande tristesse :
Mais quand de toutes parts il vit mille censeurs
Prouver que son Inés contre les bonnes mœurs,
N'étoit fille ni mariée,
Il s'écria d'un ton par la colere aigri :
Ah Ciel ma piece est décriée !
Et je perds encore au décri.

Sur la sotte & frivole excuse,
Qu'Inés donne au Roi qui l'accuse,
D'avoir forfait à son honneur :
Chacun croit qu'avant l'hymenée,
Dom Pedre en Chevalier sans peur,
A pris des pains sur la fournée.

ERRATA.

PAge 6. à la fin *in conſtantem viram* , *liſez virum.* Page 14. qui aulæ ſimul & placet urbi , *liſez* aulæ qui ſimul & placet urbi.

Page 16. Sur ſon coturne altier, ne pût plus ſe ſentir , *liſez* ſe tenir.

Page 22. Le deſſein de Medée eſt d'être criminelle, *liſez* Le deſtin.

Page 23. le prix de la correction , *liſez* le pis aller de la correction.

Page 41. vers 21. Tout prenoit une heureuſe bonne fin, *ôtez* bonne.

PRIVILEGE DU ROY.

LOUIS par la grace de Dieu, Roy de France & de Navarre; à nos amez & feaux Conseillers, les Gens tenans nos Cours de Parlement, Maistres des Requestes ordinaires de nostre Hostel, Grand Conseil, Prevost de Paris, Baillifs, Senechaux, leurs Lieutenants Civils & autres nos Justiciers qu'il appartiendra, Salut. Nostre bien amé FRANÇOIS FOURNIER, Libraire & Imprimeur à Paris; Nous ayant fait supplier de luy accorder nos Lettres de permission, pour l'impression d'un Livre qui a pour titre, *le Secretaire du Parnasse* : Nous avons permis & permettons par ces presentes audit Fournier d'imprimer ou faire imprimer ledit Livre en tels volumes, forme, marge, caractere, conjointement ou separement & autant de fois que bon luy semblera, & de le vendre, faire vendre & débiter par tout nostre Royaume, pendant le tems de trois années consecutives, à compter du jour de la date desdites Presentes; Faisons deffenses à tous Libraires, Imprimeurs, & autres personnes de quelque qualité & conditions qu'elles soient d'en introduire d'impression étrangere dans aucun lieu de notre obéïssance; à la charge que ces Presentes seront enregistrées tout au long sur le Registre de la Communauté des Libraires & Imprimeurs de Paris, & ce dans trois mois de la date d'icelles; que l'impression de ce Livre sera faite dans nostre Royaume, & non ailleurs, en bon papier & en beau caractere conformement aux reglemens de la Librairie, & qu'avant que de l'exposer en vente, le manuscrit ou imprimé qui aura servi de copie à l'impression dudit Livre sera remis dans le même état où l'aprobation y aura esté donnée, és mains de nostre très-cher & feal Chevalier, Garde des Sceaux de France le Sieur Fleuriau d'Armenonville, & qu'il en sera ensuite remis deux Exemplaires dans nostre Bibliotheque publique, un dans celle de nostre Chasteau du Louvre, & un dans celle de nostredit très-cher & feal Chevalier Garde des Sceaux de France le Sieur Fleuriau d'Armenonville; le tout à peine de nullité des Presentes. Du contenu desquelles vous Mandons & enjoignons de faire joüir l'exposant ou ses ayant cause pleinement & paisiblement, sans souffrir qu'il leur soit fait aucun trouble ou empêchemens. Voulons qu'à la copie desdites Presentes qui sera imprimée tout au long au commencement ou à la fin dudit Livre, foy soit ajoûtée comme à l'original. COMMANDONS au premier nostre Huissier ou Sergent, de faire pour l'execution d'icelles, tous actes requis & necessaires, sans demander autre permission, & nonobstant Clameur de Haro, Charte Normande, & Lettres à ce contraires: car tel est nostre plaisir. DONNÉ à Paris le douziéme jour du mois de Novembre l'an de grace mil sept cens vingt-trois. Et de nostre Regne le neuviéme. Par le Roy en son Conseil. Signé DE SAINT-HILAIRE.

Registré sur le Registre V. de la Communauté des Libraires & Imprimeurs de Paris, page 383; No. 677 conformement aux Reglemens, & notamment à l'Arrêt du Conseil du 13. Aoust 1703. A Paris, le 15. Novembre 1723.

Signé, BALLARD, Syndic.

www.ingramcontent.com/pod-product-compliance
Ingram Content Group UK Ltd.
Pitfield, Milton Keynes, MK11 3LW, UK
UKHW020423180726
13839UKWH00003B/1376

9 782329 498553